Ce livre appartient à :

________________________

Plus sur moi en pages 36 & 37

MON COQ
edition

SABINE HAHN

# Mon Livre d'amitié des Hockey-Kids

Lecture et activités ludiques

MON COQ
edition

D'autres livres des Hockey-Kids :

Partout en librairie

Chère amie, cher ami,

Avant d'inscrire ton nom dans ce livre d'amitié, les Hockey-Kids Lena, Max et Lars t'invitent à lire leur histoire.

Si tu tombes en lisant sur un QR Code, photographie-le avec un smartphone avec tes parents. Tu atterris alors directement sur la vidéo correspondante des Hockey-Kids et tu peux même déjà essayer de faire l'activité.

Continue à feuilleter les pages et découvre l'aventure jusqu'au chapitre « Mes copains et copines » et jusqu'aux deux pages sur lesquelles tu peux inscrire ton nom et tes idées, et aussi colorier ton dessin.

Comme ça, tu feras TOI aussi partie de cette histoire...

Vive notre amitié !

*Information bibliographique de la bibliothèque nationale allemande :*
*La bibliothèque nationale allemande enregistre cette publication dans la bibliographie nationale allemande ; les données bibliographiques détaillées sont disponibles sur internet à l'adresse : http://dnb.dnb.de.*

*Tribunal de Francfort-sur-le-Main HRA 48866*
*Texte, illustration et concept : Sabine Hahn*
*Traduction : Marie Le Guyader*

*Édition: MON COQ edition e.K., de-Neufville-Str. 40, 60599 Frankfurt/Main (Allemagne), info@moncoq.com, www.moncoq.com*
*Impression: Libri Plureos GmbH, Friedensallee 273,*
*22763 Hamburg (Allemagne)*
*ISBN livre relié : 978-3-9822387-9-1*
*ISBN livre de poche : 978-3-9824698-0-5*


*Informations, lectures publiques et lettres de lecteurs :*
*www.sabinehahn.net*



*Chers parents,*
*Nous vous informons que nous dégageons notre responsabilité en cas d'éventuels dommages et blessures qui résulteraient de la pratique du hockey ou de tests effectués par votre enfant.*
*Nous dégageons notre responsabilité de la même manière pour la peinture, le bricolage et les activités avec les ciseaux.*
*Votre Sabine Hahn & Les Hockey-Kids*

# Contenu

# Une drôle de surprise

« Vous êtes sûrs que c’est là ? On dirait plutôt une piscine ! »

Max écarte les branches de ses mains, et c’est un bleu lumineux qui apparaît tout au fond. Quand il en a vu assez, il sort du buisson en rampant à reculons et sautille sur le chemin vers ses deux amis. Une feuille verte se balance discrètement dans ses cheveux, comme une plume d’indien.

« Aucune idée ! C'est la bonne adresse en tout cas ! » dit Lena en clignant des yeux.

« Ah, mais c'est juste la nouvelle pelouse artificielle ! Vous savez bien ! Allez, on y va », dit Lars en râlant. « Sinon, la séance de découverte pour notre école va commencer sans nous ! Ça va démarrer bientôt ! »

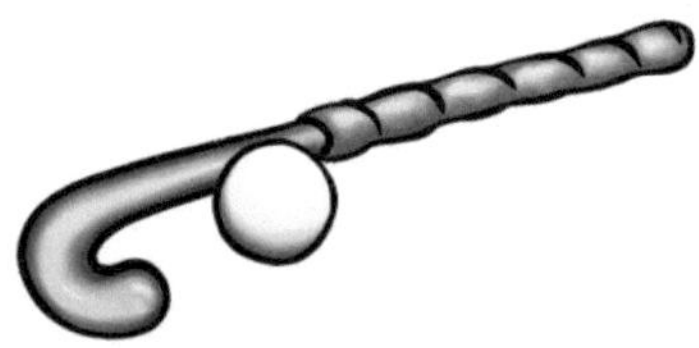

Le trio franchit alors le portail d'entrée et se joint aux copains d'école et aux enfants du club, qui courent déjà devant eux avec leurs crosses de hockey et leurs sacs de sport. Ils filent ensemble directement vers le bleu lumineux.

« Un terrain de hockey bleu ! », dit Lena toute contente, « C'est énorme ! »

« Ouais, vraiment cool », dit Max également et Lars rigole : « Ici, nos adversaires peuvent avoir une drôle de surprise ! »

Poussés par la curiosité, ils suivent le sentier sableux jusqu'au point de rencontre. Il règne partout une grande agitation :

Quelques joueurs de hockey se renvoient la balle, d'autres sont en train de mettre leurs protège-tibias et un peu à l'écart une fille fait tournoyer la balle en l'air avec sa crosse, comme par magie.

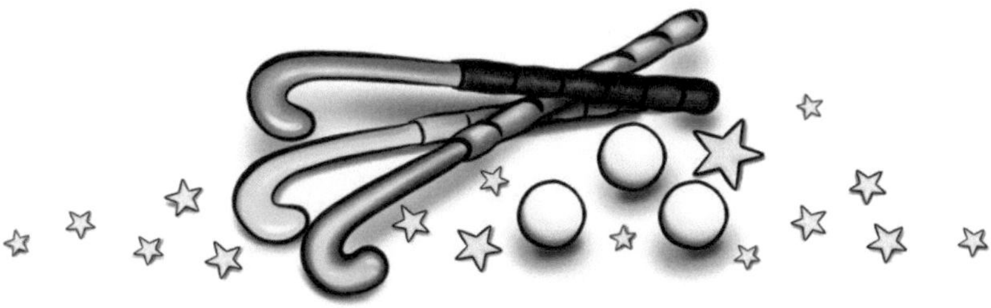

Lars est impressionné : « C'est super ! Est-ce qu'on va faire ça, nous aussi ? »

« Viens, on va demander tout de suite ! » répond Lena enthousiaste en accélérant.

« Mais moi, je veux absolument marquer des buts ! » s'écrie Max derrière elle.

Il observe avec intérêt une rangée d'enfants excités qui font la queue devant une cage. L'un après l'autre les enfants s'approchent et essayent d'esquiver la gardienne de but et de marquer. De temps en temps, elle se fait effectivement avoir et la balle atterrit bruyamment dans les filets.

Mais les Hockey-Kids aperçoivent de loin un drapeau multicolore avec l'inscription « Entraînement - Découverte » et ils courent à toute vitesse dans sa direction.

« Salut vous trois ! » leur lance de loin un entraîneur. Il leur fait signe de venir vers lui après qu'ils ont posé leurs sacs sur le banc et mis leurs baskets. Partout, d'autres petits groupes se sont déjà formés.

« Salut ! Moi, c'est Robin ! Avant d'aller jouer avec tous les autres, c'est moi pour le moment qui serai entraîneur particulier », explique le jeune homme.

Des crosses de hockey sous le bras et un sac de balles bien rempli, il emmène les trois amis dans un coin de la pelouse de hockey bleue.

« Et tu t'appelles comment, TOI, le grand indien ? » Robin regarde Max d'un air interrogateur en lui enlevant la 'plume d'indien' verte qui se balance dans ses cheveux.

Le garçon est d'abord gêné, mais ensuite, il répond d'une voix assurée : « Je suis Max, le chef de tribu courageux. Mes balles fusent aussi vite qu'une flèche ! Ugh ! » Les jambes écartées, il croise les bras devant lui et essaye de prendre un air terrible.

Robin ricane. Puis il se tourne vers Lena et Lars : « Bon, ça va sûrement être passionnant aujourd'hui ! Et vous deux, vous avez aussi des superpouvoirs ?... La super-héroïne et le prestidigitateur ? »

« Évidemment ! » répondent les deux.

« Moi, c'est Lena, la légendaire super-héroïne ! Face à moi, même les plus terribles des adversaires n'ont aucune chance ! »

Elle attrape une crosse d'un air décidé, la met devant elle à la verticale et s'appuie dessus des deux mains.

« Et moi, je suis Lars, le grand prestidigitateur de hockey ! Mes balles magiques atterrissent toujours dans le but ! » Lars fait une grande révérence et soulève un chapeau de magicien imaginaire.

Robin éclate de rire. « Vous, je vous veux dans mon équipe ! »

Il a tout de suite remarqué que Lena, Max & Lars jouent déjà bien au hockey et qu'ils savent plein de choses sur le sujet.

« On a appris tout ce qu'on sait à notre atelier de hockey de l'école ! » explique Lars. « Est-ce que tu peux maintenant nous apprendre quelque chose de vraiment cool ? S'il-te-plaît, allez, allez ! »

« Bon, d'accord... Mais d'abord vous allez recevoir vos maillots d'équipe... pour le test-match d'après.

Voilà vos chasubles blanches, et si vous avez également besoin de quelque chose de foncé... » Robin leur montre des shorts noirs et des jupes qui sont dans son sac. Et pendant que les Hockey-Kids se changent rapidement, Lena se fait très vite une tresse et Robin explique : « Bon, ... maintenant, imaginez que le sol soit de la lave... »

« Plutôt un bassin de piscine bien bleu ! » l'interrompt Max en montrant le gazon artificiel. Robin rigole : « Oui, pourquoi pas ! En tout cas, votre balle ne doit pas toucher le sol. Faites-la sautiller aussi longtemps que possible sur votre crosse. Et si la balle tombe, elle n'a droit qu'à un seul rebond.

Dans ce cas, vous devez la relancer aussitôt : soit sur votre genou, sur la pointe de vos pieds ou bien vous dépassez la balle en faisant un pas en avant puis vous vous retournez pour la rattraper et la relancer. »

« Comme les footballeurs ? », demande Lars, « Eux aussi font des trucs avec le genou ou la pointe des pieds. »

Robin acquiesce. « Exactement. Dans un match de hockey, évidemment, on ne peut pas faire ça avec le genou ou le pied, mais c'est un challenge rigolo en tout cas. On va voir qui tient le plus longtemps. Vous êtes prêts ?

Attention, c'est parti ! »

Découvre la vidéo des Hockey-Kids sur cet exercice de maîtrise !

## Une pluie inattendue !

Après ce challenge rigolo et une petite pause boisson, ça continue.

« Il faudrait que maintenant on s'entraîne à tirer dans les buts ! » explique Robin. Les trois Hockey-Kids acquiescent avec empressement et le suivent jusqu'à une cage libre.

« Est-ce qu'on va avoir nous aussi une gardienne de but cool pour s'entraîner, comme les autres avant? » demande Max tout excité.

« En fait, je pensais faire d'abord un exercice simple », explique Robin. « Mais... si vous voulez, vous pouvez déjà vous essayer au 'shoot out' et faire un vrai duel contre une vraie gardienne de but. »

« Super ! » lancent les trois tout contents, même si, juste après, ils ont une sensation étrange en arrivant devant la gardienne impressionnante.

« Essayez de la feinter et trouvez quelque chose ! »

Robin leur donne un peu de courage et ensuite, il tente lui-même sa chance plusieurs fois. Lena, Max et Lars regardent étonnés comment il commence par dribbler la balle jusqu'au but, puis se tourne avec rapidité devant la cage et finalement expédie la balle dans les buts en se retournant.

La gardienne n'a aucune chance... et c'est pareil quand Robin fait une feinte du revers à l'essai suivant. Les Hockey-Kids crient avec enthousiasme. Ensuite, c'est à leur tour, ils mettent les protège-dents dans la bouche et chacun tente marquer un but.

Découvre la vidéo des Hockey-Kids sur cet entraînement !

Ils s'amusent tellement tous les trois qu'ils ne remarquent pas la violente tempête qui se prépare au-dessus de leurs têtes.

Et alors que tout d'un coup un éclair éblouissant sillonne le ciel et que ça tonne très fort dans les nuages, ils doivent tous quitter la place rapidement : un coup de foudre est si vite arrivé, on ne peut pas prendre ce risque.

« Dépêchez-vous ! » lance Robin aux trois amis. « Attrapez vos affaires, toutes les balles et les crosses et venez ! Un orage approche ! »

A toute vitesse, les enfants rassemblent tout. Et tandis que les autres groupes de hockey se mettent à l'abri sous les auvents ou cherchent refuge dans le clubhouse, Robin conduit son petit groupe jusqu'aux vestiaires souterrains les plus proches.

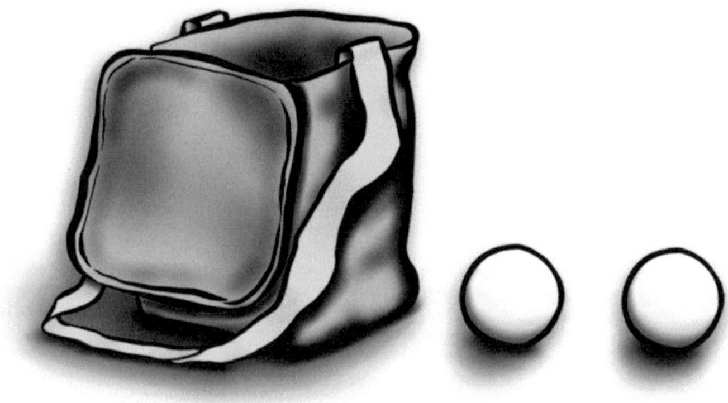

## Nous sommes amis !

« Ah, bah super ! » râle Max. « Nous sommes obligés de rester ici maintenant et on s'ennuie ! » Lena et Lars sont déçus eux aussi que leur entraînement se soit arrêté si brutalement.

Mais Robin les rassure : « Vous rigolez ? Au hockey, on ne s'ennuie jamais ! Je vais vous montrer maintenant comment de vrais joueurs de hockey rangent leurs balles. »

Il met le sac de balles vide à un bout du couloir et ensemble ils mettent les balles du côté opposé.

Lena, Max, Lars et Robin se placent avec leurs crosses en s'espaçant le long du couloir.

Maintenant il faut prendre chaque balle avec la crosse, jongler avec et la passer au suivant, jusqu'à ce que le dernier la fasse entrer dans le sac.

« A vos marques ! Prêts ! Partez ! » lance Robin et c'est comme ça que les balles atterrissent les unes après les autres dans le sac.

Découvre la vidéo des Hockey-Kids lors de cet exercice amusant !

Alors que la dernière balle vient d'être rangée, l'orage a presque disparu. « Vous voyez ? » dit Robin content. « La pluie est passée, le soleil brille à nouveau et nous ne nous sommes absolument pas ennuyés ! »

Il charge le lourd sac de balles sur ses épaules et conduit les trois enfants jusqu'à l'escalier.

Max et Lars l'aident à porter les crosses.

Lena suit les garçons et est un peu triste parce que le premier jour de découverte touche à sa fin... Quel dommage !

Mais, qu'est-ce que c'est que ça ?

En arrivant sur la dernière marche dehors, elle aperçoit quelque chose de brillant sous un banc : un livre de toutes les couleurs que quelqu'un a visiblement perdu dans sa hâte.

A qui cela peut-il bien être ?

Lena regarde autour d'elle, mais tous les autres enfants sont déjà rentrés chez eux à cause de la tempête. Personne à l'horizon.

Même Robin n'a aucune idée de la personne à qui ce livre pourrait bien appartenir.

« La pluie a effacé l'écriture, presque lavé même. Vous voyez ? ... 'Ce livre appartient... ', c'est marqué là. Mais malheureusement on ne peut rien lire de plus. »

Un peu embarrassé, il redonne le livre à Lena. « Garde-le jusqu'à demain. Nous trouverons peut-être entre-temps à qui il appartient. Ciao vous trois ! A demain ! »

Sur le chemin du retour, les Hockey-Kids feuillètent le livre et cherchent des indices.

« Ouah, c'est un livre d'amitié ! » dit Lars en découvrant les dessins multicolores et les notes.

« Qui sait, tous les renseignements sur ces amis vont peut-être nous donner un indice. » espère Lena. Et ils se mettent à parcourir le livre page après page.

Lars est plein d'admiration : « Un si beau livre avec tant de copains hockeyeurs super ! »

« Et de copines ! » complète Lena.

Lars approuve : « Ce que j'aimerais faire maintenant, c'est d'y inscrire quelque chose et de faire un dessin ! MOI, je serais vraiment mega content si j'avais autant de si bons copains et copines. »

Max est lui aussi enthousiaste et réfléchit déjà de quelles couleurs il peindrait son bonbon préféré. « Mais tant que nous ne savons pas à qui appartient ce livre, on ne peut pas griffonner comme ça ! » se lamente-t-il.

Tout à coup, Lena exulte : « Ça y est ! Je sais à qui ce livre appartient ! » Elle a tourné et retourné le livre avec difficulté, l'a tenu avec le soleil couchant derrière et a finalement réussi à déchiffrer les noms effacés.

Toute excitée, elle attire ses deux amis plus près d'elle et leur murmure à l'oreille, toute contente : « Nous allons pouvoir écrire quelque chose de super en tout cas dans ce livre. En fait, ils sont tous NOS amis, car il appartient à... »

...

Alors, as-tu deviné à qui appartient ce livre d'amitié ?

La solution est simple puisque tu tiens toi-même ce livre dans tes mains. Regarde donc directement à la première page : c'est là que tu trouveras le nom.

Et peu importe qui te l'a donné : toi, les Hockey-Kids et tous les autres dans ces pages, vous êtes vraiment de super copains et copines!

C'est génial que tu en fasses partie !

# Mes copains et copines

Maintenant tu vas pouvoir te présenter sur une double page.

Pour cela, tu as besoin de crayons de couleur, d'un stylo pour écrire, éventuellement de ciseaux, d'un bâton de colle et – si tu le souhaites – d'une petite photo de toi.

Colorie les deux pages avec tes couleurs préférées, écris ou dessine tes réponses dans les cases prévues ou coche-les.

Imagine le Hockey-Kid qui te ressemblerait : complète les cheveux, qu'ils soient longs ou courts, lisses ou bouclés et dessine une jupe ou un pantalon.

N'oublie pas le logo de ton club !

Tu es gardienne de but ? ... Une super-héroïne ? ... Chef des buts ou magicien des balles ? Alors imprime vite la « superpage de coloriage & découpage » du livre d'amitié sur www.sabinehahn.net, colorie ton équipement de hockey, découpe-le et colle-le dans le livre sur ta silhouette.

Photographie le QR Code et atterris sur la superpage!

Inscris ta date de naissance dans le chapitre « Anniversaires »...

# Là, c'est moi !

Ma photo

Je m'appelle : ..............

Vous pouvez me joindre ici : ...

..................

C'est comme ça que je vous ai connu :

Nous sommes les meilleurs amis du monde parce que vous êtes...

- [ ] drôles
- [ ] adorables
- [ ] sans peur
- [ ] sympa
- [ ] cool
- [ ] ......

Date :

Ça, c'était le meilleur moment que nous avons passé ensemble :

..................

..................

..................

..................

..................

Le hockey, c'est super, parce que...

..........

..........

..........

..........

Voilà les endroits où j'aime jouer au hockey avec vous :

- [ ] à l'école
- [ ] au club
- [ ] dans le gymnase
- [ ] dehors

Mon livre préféré :

........ ........
........ ........
........ ........
........ ....

Mon rêve de hockey :

..............
........................
........................
........................
......

Voilà comment je suis :

Mes super forces :

......................

Ce que je voudrais :

..............
..............
..............
..............
..............

# Là, c'est moi !

Je m'appelle : Lena

Tu peux me joindre ici : Par mail sur www.moncoq.com

(pour ta lettre de lecteur)

C'est comme ça que je t'ai connu :

Au Hockey

Nous sommes les meilleurs amis du monde parce que tu es...

- [X] drôle
- [X] adorable
- [X] sans peur
- [X] sympa
- [X] cool
- [X] fair-play

Date : mai 2022

Ça, c'était le meilleur moment que nous avons passé ensemble :

lorsque nous avons gagné contre les parents.

(Tu te souviens ?)

Le hockey, c'est super, parce que...

on peut jouer dehors en été et dans un gymnase chauffé en hiver

Voilà les endroits où j'aime jouer au hockey avec toi :

- [x] à l'école
- [ ] au club
- [ ] dans le gymnase
- [x] dehors

Mon livre préféré :

Les Hockey-Kids tome 1

Mon rêve de hockey :

J'aimerais pouvoir jouer au hockey aussi bien que mon entraîneuse.

Voilà comment je suis :

Mes super forces :

Je cours très vite !

Ce que je te souhaite :

Que tu te sentes toujours au top quand tu joues au hockey !

# Là, c'est moi !

Je m'appelle : Max

Tu peux me joindre ici : par mail sur www.moncoq.com

(pour ta lettre de lecteur)

C'est comme ça que je t'ai connu :

Sur le banc des remplaçants

Je crois

Nous sommes les meilleurs amis du monde parce que tu es...

- [x] drôle
- [x] adorable
- [x] sans peur
- [x] sympa
- [x] cool
- [x] imbattable

Date : mai '22

Ça, c'était le meilleur moment que nous avons passé ensemble : Quand nous avons fait notre premier vrai match.

Tu t'en souviens ?

Le hockey, c'est super, parce que... ça m'amuse.

Voilà les endroits où j'aime jouer au hockey avec toi :

☒ à l'école ☒ au club

☒ dans le gymnase ☐ dehors

Mon livre préféré :

Ce livre d'amitié

Mon rêve de hockey :

Marquer plein de buts.

Voilà comment je suis :

Mes super forces :

Je connais plein de trucs de hockey super cool.

Ce que je te souhaite :

Que notre amitié dure pour toujours.

# Là, c'est moi !

Je m'appelle : Lars

Tu peux me joindre ici : par Mail sur www.monçoq.com

(pour ta lettre de lecteur)

C'est comme ça que je t'ai connu :

Sur le terrain de hockey

Nous sommes les meilleurs amis du monde parce que tu es...

- [x] drôle
- [x] adorable
- [x] sans peur
- [x] sympa
- [x] cool
- [x] honnête

Date : mai 2022

Ça, c'était le meilleur moment que nous avons passé ensemble :

Lorsque nous nous sommes rencontrés la première fois dans notre cachette secrète.

Tu te souviens où c'était ?

Le hockey, c'est super, parce que...

notre équipe reste toujours solidaire, même quand nous avons perdu.

Voilà les endroits où j'aime jouer au hockey avec toi :

- [ ] à l'école
- [x] au club
- [ ] dans le gymnase
- [x] dehors

Mon livre préféré :

The WORLD Hockey-Kids (version anglaise) (avec plein de trucs magiques)

Mon rêve de hockey :

Pouvoir jouer un jour en Coupe du monde.

Voilà comment je suis :

Mes super forces :

Je suis un magicien des balles !

Ce que je te souhaite :

Avoir encore ensemble plein de magnifiques moments de hockey.

Ma photo

# Là, c'est moi !

Je m'appelle : ...............

Tu peux me joindre ici : .....

......................

C'est comme ça que je t'ai connu :

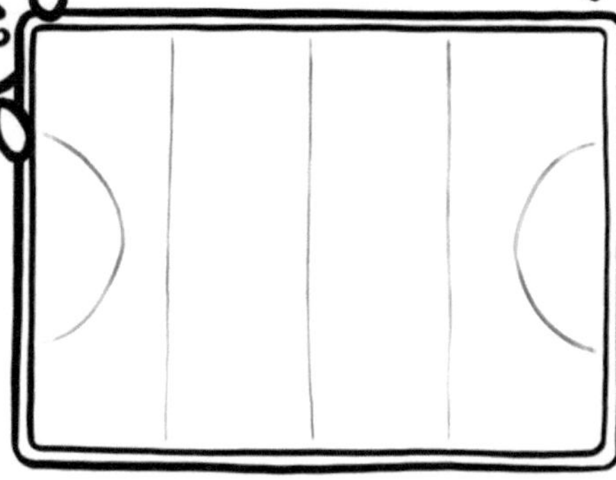

Nous sommes les meilleurs amis du monde parce que tu es...

- [ ] drôle
- [ ] adorable
- [ ] sans peur
- [ ] sympa
- [ ] cool
- [ ] ......

Date :

Le hockey, c'est super, parce que...

.........

.........

.........

.........

Ça, c'était le meilleur moment que nous avons passé ensemble :

..........

..........

..........

..........

..........

Voilà les endroits où j'aime jouer au hockey avec toi :

- ☐ à l'école
- ☐ au club
- ☐ dans le gymnase
- ☐ dehors

Mon livre préféré :

Mon rêve de hockey :

Voilà comment je suis :

Mes super forces :

Ce que je te souhaite :

Ma photo

# Là, c'est moi !

Je m'appelle : ...............

Tu peux me joindre ici : .....

..................

C'est comme ça que je t'ai connu :

Nous sommes les meilleurs amis du monde parce que tu es...

- [ ] drôle
- [ ] adorable
- [ ] sans peur
- [ ] sympa
- [ ] cool
- [ ] ......

Date :

Ça, c'était le meilleur moment que nous avons passé ensemble :

..................

..................

..................

..................

Le hockey, c'est super, parce que...

............

............

............

............

Voilà les endroits où j'aime jouer au hockey avec toi :

☐ à l'école ☐ au club

☐ dans le gymnase ☐ dehors

Mon livre préféré :

Mon rêve de hockey :

Mes super forces :

Ce que je te souhaite :

Voilà comment je suis :

# Là, c'est moi !

Je m'appelle : ...............

Tu peux me joindre ici : .....

....................

Ma photo

C'est comme ça que je t'ai connu :

Nous sommes les meilleurs amis du monde parce que tu es...

- [ ] drôle
- [ ] adorable
- [ ] sans peur
- [ ] sympa
- [ ] cool
- [ ] ......

Date :

Ça, c'était le meilleur moment que nous avons passé ensemble :

..................
..................
..................
..................
..................

Le hockey, c'est super, parce que...

..........
..........
..........
..........

Voilà les endroits où j'aime jouer au hockey avec toi :

- ☐ à l'école
- ☐ au club
- ☐ dans le gymnase
- ☐ dehors

Mon livre préféré :

Mon rêve de hockey :

Voilà comment je suis :

Mes super forces :

Ce que je te souhaite :

Ma photo

# Là, c'est moi !

Je m'appelle : ...............

Tu peux me joindre ici : .....

...................

C'est comme ça que je t'ai connu :

Nous sommes les meilleurs amis du monde parce que tu es...

- [ ] drôle
- [ ] adorable
- [ ] sans peur
- [ ] sympa
- [ ] cool
- [ ] ......

Date :

Le hockey, c'est super, parce que...

..........

..........

..........

..........

Ça, c'était le meilleur moment que nous avons passé ensemble :

..........

..........

..........

..........

..........

Voilà les endroits où j'aime jouer au hockey avec toi :

- ☐ à l'école
- ☐ au club
- ☐ dans le gymnase
- ☐ dehors

Mon livre préféré :

.......... ..........
.......... ..........
.......... ..........
.......... ....

Mon rêve de hockey :

................
................
................
................
......

Voilà comment je suis :

Mes super forces :

................

Ce que je te souhaite :

..............
..............
..............
..............

# Là, c'est moi !

Ma photo

Je m'appelle : . . . . . . . . . . . . . .

Tu peux me joindre ici : . . . . .

. . . . . . . . . . . . . . . . . . . . . . .

C'est comme ça que je t'ai connu :

Nous sommes les meilleurs amis du monde parce que tu es...

- ☐ drôle
- ☐ adorable
- ☐ sans peur
- ☐ sympa
- ☐ cool
- ☐ . . . . . .

Date :

Le hockey, c'est super, parce que...

. . . . . . . . . . . . .

. . . . . . . . . . . . . . .

. . . . . . . . . . . . . . . . .

. . . . . . . . . . . . . . . . . . .

Ça, c'était le meilleur moment que nous avons passé ensemble :

. . . . . . . . . . . . . . . . . . .

. . . . . . . . . . . . . . . . .

. . . . . . . . . . . . . . . .

. . . . . . . . . . . . . . .

. . . . . . . . . . . . . . .

Voilà les endroits où j'aime jouer au hockey avec toi :

- ☐ à l'école
- ☐ au club
- ☐ dans le gymnase
- ☐ dehors

Mon livre préféré :

..........  ..........

..........  ..........

..........  ..........

..........  ..........

Mon rêve de hockey :

..........................................

..........................................

..........................................

..........................................

..........

Voilà comment je suis :

Mes super forces :

..........................................

Ce que je te souhaite :

..........................................

..........................................

..........................................

..........................................

# Là, c'est moi !

Ma photo

Je m'appelle : . . . . . . . . . . . . . .

Tu peux me joindre ici : . . . . .

. . . . . . . . . . . . . . . . . . . . . . . . .

C'est comme ça que je t'ai connu :

Nous sommes les meilleurs amis du monde parce que tu es...

- [ ] drôle
- [ ] adorable
- [ ] sans peur
- [ ] sympa
- [ ] cool
- [ ] . . . . . .

Date :

Ça, c'était le meilleur moment que nous avons passé ensemble :

. . . . . . . . . . . . . . . . . . . .

. . . . . . . . . . . . . . . . . .

. . . . . . . . . . . . . . . . .

. . . . . . . . . . . . . . . .

. . . . . . . . . . . . . . .

Le hockey, c'est super, parce que...

. . . . . . . . . . . . . .

. . . . . . . . . . . . . .

. . . . . . . . . . . . . .

. . . . . . . . . . . . . .

Voilà les endroits où j'aime jouer au hockey avec toi :

☐ à l'école ☐ au club

☐ dans le gymnase ☐ dehors

Mon livre préféré :

........ ........

........ ........

........ ........

........ ........

Mon rêve de hockey :

..........................

..........................

..........................

..........................

......

Voilà comment je suis :

Mes super forces :

..........................

Ce que je te souhaite :

..........................

..........................

..........................

..........................

# Là, c'est moi !

Ma photo

Je m'appelle : ...............

Tu peux me joindre ici : .....

.....................

C'est comme ça que je t'ai connu :

Nous sommes les meilleurs amis du monde parce que tu es...

- [ ] drôle
- [ ] adorable
- [ ] sans peur
- [ ] sympa
- [ ] cool
- [ ] ......

Date :

Le hockey, c'est super, parce que...

..........

..........

..........

..........

Ça, c'était le meilleur moment que nous avons passé ensemble :

..........

..........

..........

..........

..........

Voilà les endroits où j'aime jouer au hockey avec toi :

- ☐ à l'école
- ☐ au club
- ☐ dans le gymnase
- ☐ dehors

Mon livre préféré :

Mon rêve de hockey :

Voilà comment je suis :

Mes super forces :

Ce que je te souhaite :

# Là, c'est moi !

Ma photo

Je m'appelle : . . . . . . . . . . . . . . .

Tu peux me joindre ici : . . . . .

. . . . . . . . . . . . . . . . . . . . .

C'est comme ça que je t'ai connu :

Nous sommes les meilleurs amis du monde parce que tu es...

- ☐ drôle
- ☐ adorable
- ☐ sans peur
- ☐ sympa
- ☐ cool
- ☐ . . . . . .

Date :

Le hockey, c'est super, parce que...

. . . . . . . . . . . . .

. . . . . . . . . . . . . . . . . . . . .

. . . . . . . . . . . . . . . . . . . . .

. . . . . . . . . . . . . . . . . . . . .

Ça, c'était le meilleur moment que nous avons passé ensemble :

. . . . . . . . . . . . . . . . . . . . .

. . . . . . . . . . . . . . . . .

. . . . . . . . . . . . . . . .

. . . . . . . . . . . . . . .

. . . . . . . . . . . . . . .

Voilà les endroits où j'aime jouer au hockey avec toi :

☐ à l'école ☐ au club

☐ dans le gymnase ☐ dehors

Mon livre préféré :

Mon rêve de hockey :

Voilà comment je suis :

Mes super forces :

Ce que je te souhaite :

Ma photo

# Là, c'est moi !

Je m'appelle : ..............

Tu peux me joindre ici : .....

..................

C'est comme ça que je t'ai connu :

Nous sommes les meilleurs amis du monde parce que tu es...

- [ ] drôle
- [ ] adorable
- [ ] sans peur
- [ ] sympa
- [ ] cool
- [ ] ......

Date :

Le hockey, c'est super, parce que...

..........

..........

..........

..........

Ça, c'était le meilleur moment que nous avons passé ensemble :

..........

..........

..........

..........

Voilà les endroits où j'aime jouer au hockey avec toi :

- [ ] à l'école
- [ ] au club
- [ ] dans le gymnase
- [ ] dehors

Mon livre préféré :

Mon rêve de hockey :

Voilà comment je suis :

Mes super forces :

Ce que je te souhaite :

# Là, c'est moi !

Ma photo

Je m'appelle : . . . . . . . . . . . . . .

Tu peux me joindre ici : . . . . .

. . . . . . . . . . . . . . . . . . . . . .

Nous sommes les meilleurs amis du monde parce que tu es...

- ☐ drôle
- ☐ adorable
- ☐ sans peur
- ☐ sympa
- ☐ cool
- ☐ . . . . . .

C'est comme ça que je t'ai connu :

Date :

Ça, c'était le meilleur moment que nous avons passé ensemble :

. . . . . . . . . . . . . . .

. . . . . . . . . . . . . . .

. . . . . . . . . . . . . .

. . . . . . . . . . . . .

Le hockey, c'est super, parce que...

. . . . . . . . . . . . .

. . . . . . . . . . . . .

. . . . . . . . . . . . .

. . . . . . . . . . . . .

Voilà les endroits où j'aime jouer au hockey avec toi :

☐ à l'école ☐ au club

☐ dans le gymnase ☐ dehors

Mon livre préféré :

. . . . . . . . . . . . . . . . .

. . . . . . . . . . . . . . . . .

. . . . . . . . . . . . . . . . .

. . . . . . . . . . . . .

Mon rêve de hockey :

. . . . . . . . . . . . . . .

. . . . . . . . . . . . . . . . . . . . . . . .

. . . . . . . . . . . . . . . . . . . . . . . . .

. . . . . . . . . . . . . . . . . . . . . .

. . . . . . .

Voilà comment je suis :

Mes super forces :

. . . . . . . . . . . . . . . . . .

Ce que je te souhaite :

. . . . . . . . . . . . . . .

. . . . . . . . . . . . . . .

. . . . . . . . . . . . . . .

. . . . . . . . . . . . . . .

. . . . . . . . . . . . . . .

# Là, c'est moi !

Ma photo

Je m'appelle : ...............

Tu peux me joindre ici : .....

.................................

C'est comme ça que je t'ai connu :

Nous sommes les meilleurs amis du monde parce que tu es...

- [ ] drôle
- [ ] adorable
- [ ] sans peur
- [ ] sympa
- [ ] cool
- [ ] .......

Date :

Ça, c'était le meilleur moment que nous avons passé ensemble :

..........................

..........................

..........................

..........................

..........................

Le hockey, c'est super, parce que...

............

............

............

............

Voilà les endroits où j'aime jouer au hockey avec toi :

- ☐ à l'école
- ☐ au club
- ☐ dans le gymnase
- ☐ dehors

Mon livre préféré :

Mon rêve de hockey :

Voilà comment je suis :

Mes super forces :

Ce que je te souhaite :

# Là, c'est moi !

Ma photo

Je m'appelle : ...............

Tu peux me joindre ici : .....

.......................

C'est comme ça que je t'ai connu :

Nous sommes les meilleurs amis du monde parce que tu es...

- ☐ drôle
- ☐ adorable
- ☐ sans peur
- ☐ sympa
- ☐ cool
- ☐ .......

Date :

Ça, c'était le meilleur moment que nous avons passé ensemble :

..................

..................

..................

..................

Le hockey, c'est super, parce que...

..........

..........

..........

..........

Voilà les endroits où j'aime jouer au hockey avec toi :

- ☐ à l'école
- ☐ au club
- ☐ dans le gymnase
- ☐ dehors

Mon livre préféré :

Mon rêve de hockey :

Voilà comment je suis :

Mes super forces :

Ce que je te souhaite :

# Là, c'est moi !

Ma photo

Je m'appelle : . . . . . . . . . . . . . .

Tu peux me joindre ici : . . . . .

. . . . . . . . . . . . . . . . . . . . . . . . .

C'est comme ça que je t'ai connu :

Nous sommes les meilleurs amis du monde parce que tu es...

- ☐ drôle
- ☐ adorable
- ☐ sans peur
- ☐ sympa
- ☐ cool
- ☐ . . . . . .

Date :

Ça, c'était le meilleur moment que nous avons passé ensemble :

. . . . . . . . . . . . . . . . . . . . .

. . . . . . . . . . . . . . . . . . .

. . . . . . . . . . . . . . . . .

. . . . . . . . . . . . . . . .

. . . . . . . . . . . . . . .

Le hockey, c'est super, parce que...

. . . . . . . . . . . . .

. . . . . . . . . . . . . . .

. . . . . . . . . . . . . . . .

. . . . . . . . . . . . . . . . .

Voilà les endroits où j'aime jouer au hockey avec toi :

- ☐ à l'école
- ☐ au club
- ☐ dans le gymnase
- ☐ dehors

Mon rêve de hockey :

Mes super forces :

Ce que je te souhaite :

Mon livre préféré :

Voilà comment je suis :

# Là, c'est moi !

Ma photo

Je m'appelle : . . . . . . . . . . . . . .

Tu peux me joindre ici : . . . . .

. . . . . . . . . . . . . . . . . . . . . . . . . .

C'est comme ça que je t'ai connu :

Nous sommes les meilleurs amis du monde parce que tu es...

- [ ] drôle
- [ ] adorable
- [ ] sans peur
- [ ] sympa
- [ ] cool
- [ ] . . . . . .

Date :

Ça, c'était le meilleur moment que nous avons passé ensemble :

. . . . . . . . . . . . . . . . . . .

. . . . . . . . . . . . . . . . .

. . . . . . . . . . . . . . . .

. . . . . . . . . . . . . . .

. . . . . . . . . . . . . .

Le hockey, c'est super, parce que...

. . . . . . . . . . .

. . . . . . . . . . . . . .

. . . . . . . . . . . . . .

. . . . . . . . . . . . . . . . . .

Voilà les endroits où j'aime jouer au hockey avec toi :

☐ à l'école ☐ au club

☐ dans le gymnase ☐ dehors

Mon livre préféré :

........ ........
........ ........
........ ........
........ ........

Mon rêve de hockey :

..................
..................
..................
..................
.......

Voilà comment je suis :

Mes super forces :

..................

Ce que je te souhaite :

..............
..............
..............
..............
..............

# Là, c'est moi !

Ma photo

Je m'appelle : ..............

Tu peux me joindre ici : .....

....................

C'est comme ça que je t'ai connu :

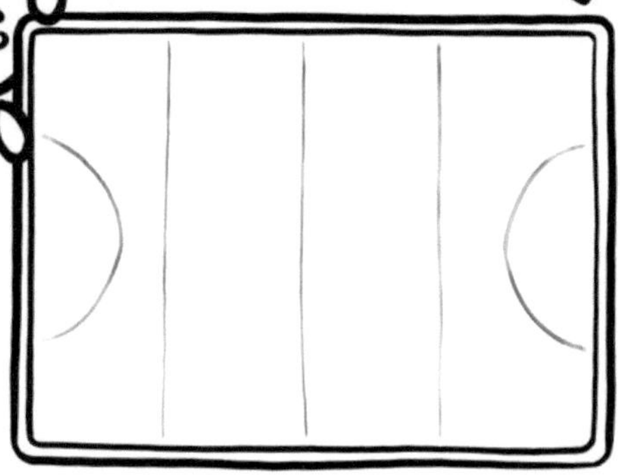

Nous sommes les meilleurs amis du monde parce que tu es...

- [ ] drôle
- [ ] adorable
- [ ] sans peur
- [ ] sympa
- [ ] cool
- [ ] ......

Date :

Le hockey, c'est super, parce que...

..............

..............

..............

..............

Ça, c'était le meilleur moment que nous avons passé ensemble :

..............

..............

..............

..............

..............

Voilà les endroits où j'aime jouer au hockey avec toi :

☐ à l'école ☐ au club

☐ dans le gymnase ☐ dehors

Mon livre préféré :

Mon rêve de hockey :

Voilà comment je suis :

Mes super forces :

Ce que je te souhaite :

# Là, c'est moi !

Ma photo

Je m'appelle : . . . . . . . . . . . . . .

Tu peux me joindre ici : . . . . .

. . . . . . . . . . . . . . . . . . . . . . . .

C'est comme ça que je t'ai connu :

Nous sommes les meilleurs amis du monde parce que tu es...

- ☐ drôle
- ☐ adorable
- ☐ sans peur
- ☐ sympa
- ☐ cool
- ☐ . . . . . .

Date :

Le hockey, c'est super, parce que...

. . . . . . . . . . . .

. . . . . . . . . . . .

. . . . . . . . . . . .

. . . . . . . . . . . .

Ça, c'était le meilleur moment que nous avons passé ensemble :

. . . . . . . . . . . . . . . . . .

. . . . . . . . . . . . . . . . . .

. . . . . . . . . . . . . . . . . .

. . . . . . . . . . . . . . . . . .

. . . . . . . . . . . . . . . . . .

Voilà les endroits où j'aime jouer au hockey avec toi :

☐ à l'école ☐ au club

☐ dans le gymnase ☐ dehors

Mon livre préféré :

Mon rêve de hockey :

Voilà comment je suis :

Mes super forces :

Ce que je te souhaite :

# Là, c'est moi !

Ma photo

Je m'appelle : ...............

Tu peux me joindre ici : .....

....................

C'est comme ça que je t'ai connu :

Nous sommes les meilleurs amis du monde parce que tu es...

☐ drôle ☐ adorable

☐ sans peur ☐ sympa

☐ cool ☐ ......

Date :

Le hockey, c'est super, parce que...

.........

.........

.........

.........

Ça, c'était le meilleur moment que nous avons passé ensemble :

.........

.........

.........

.........

.........

Voilà les endroits où j'aime jouer au hockey avec toi :

☐ à l'école ☐ au club

☐ dans le gymnase ☐ dehors

Mon livre préféré :

........ ........
........ ........
........ ........
........ ........

Mon rêve de hockey :

..............
..............
..............
..............
......

Voilà comment je suis :

Mes super forces :

..............

Ce que je te souhaite :

..............
..............
..............
..............

# Là, c'est moi !

Ma photo

Je m'appelle : ..............

Tu peux me joindre ici : .....

.................

C'est comme ça que je t'ai connu :

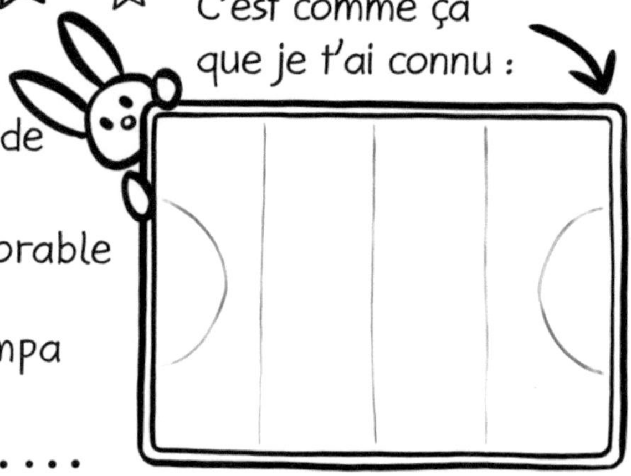

Nous sommes les meilleurs amis du monde parce que tu es...

- ☐ drôle
- ☐ adorable
- ☐ sans peur
- ☐ sympa
- ☐ cool
- ☐ ......

Date :

Ça, c'était le meilleur moment que nous avons passé ensemble :

..............
..............
..............
..............
..............

Le hockey, c'est super, parce que...

..........
..........
..........
..........

Voilà les endroits où j'aime jouer au hockey avec toi :

- [ ] à l'école
- [ ] au club
- [ ] dans le gymnase
- [ ] dehors

Mon livre préféré :

Mon rêve de hockey :

Voilà comment je suis :

Mes super forces :

Ce que je te souhaite :

# Là, c'est moi !

Ma photo

Je m'appelle : ...............

Tu peux me joindre ici : .....

...................

C'est comme ça que je t'ai connu :

Nous sommes les meilleurs amis du monde parce que tu es...

- ☐ drôle
- ☐ adorable
- ☐ sans peur
- ☐ sympa
- ☐ cool
- ☐ ......

Date :

Ça, c'était le meilleur moment que nous avons passé ensemble :

.................

...............

..............

.............

............

Le hockey, c'est super, parce que...

..........

..........

..........

..........

Voilà les endroits où j'aime jouer au hockey avec toi :

☐ à l'école ☐ au club

☐ dans le gymnase ☐ dehors

Mon livre préféré :

Mon rêve de hockey :

Voilà comment je suis :

Mes super forces :

Ce que je te souhaite :

# Là, c'est moi !

Ma photo

Je m'appelle : ..............

Tu peux me joindre ici : .....

.........................

C'est comme ça que je t'ai connu :

Nous sommes les meilleurs amis du monde parce que tu es...

- ☐ drôle
- ☐ adorable
- ☐ sans peur
- ☐ sympa
- ☐ cool
- ☐ ......

Date :

Ça, c'était le meilleur moment que nous avons passé ensemble :

..............

..............

..............

..............

Le hockey, c'est super, parce que...

..........

..........

..........

..........

Voilà les endroits où j'aime jouer au hockey avec toi :

- [ ] à l'école
- [ ] au club
- [ ] dans le gymnase
- [ ] dehors

Mon livre préféré :

. . . . . . . . . . . . . . . . . .

. . . . . . . . . . . . . . . . . .

. . . . . . . . . . . . . . . . . .

. . . . . . . . . . . . . . . .

Mon rêve de hockey :

. . . . . . . . . . . . . . . . . . . .

. . . . . . . . . . . . . . . . . . . . . . . . . . . . . . .

. . . . . . . . . . . . . . . . . . . . . . . . . . . . . . .

. . . . . . . . . . . . . . . . . . . . . . . . . . .

. . . . . .

Voilà comment je suis :

Mes super forces :

. . . . . . . . . . . . . . . . . . . . . . .

Ce que je te souhaite :

. . . . . . . . . . . . . . . . . .

. . . . . . . . . . . . . . . . . .

. . . . . . . . . . . . . . . . . .

. . . . . . . . . . . . . . . . . .

# Là, c'est moi !

Ma photo

Je m'appelle : ..............

Tu peux me joindre ici : .....

..............

C'est comme ça que je t'ai connu :

Nous sommes les meilleurs amis du monde parce que tu es...

- [ ] drôle
- [ ] adorable
- [ ] sans peur
- [ ] sympa
- [ ] cool
- [ ] ......

Date :

Ça, c'était le meilleur moment que nous avons passé ensemble :

..............

..............

..............

..............

..............

Le hockey, c'est super, parce que...

..........

..........

..........

..........

Voilà les endroits où j'aime jouer au hockey avec toi :

- ☐ à l'école
- ☐ au club
- ☐ dans le gymnase
- ☐ dehors

Mon livre préféré :

Mon rêve de hockey :

Voilà comment je suis :

Mes super forces :

Ce que je te souhaite :

Ma photo

# Là, c'est moi !

Je m'appelle : ..............

Tu peux me joindre ici : .....

........................

C'est comme ça que je t'ai connu :

Nous sommes les meilleurs amis du monde parce que tu es...

- ☐ drôle
- ☐ adorable
- ☐ sans peur
- ☐ sympa
- ☐ cool
- ☐ ......

Date :

Ça, c'était le meilleur moment que nous avons passé ensemble :

..............

..............

..............

..............

Le hockey, c'est super, parce que...

..........

..........

..........

..........

Voilà les endroits où j'aime jouer au hockey avec toi :

- ☐ à l'école
- ☐ au club
- ☐ dans le gymnase
- ☐ dehors

Mon livre préféré :

Mon rêve de hockey :

Voilà comment je suis :

Mes super forces :

Ce que je te souhaite :

# Là, c'est moi !

Ma photo

Je m'appelle : . . . . . . . . . . . . . .

Tu peux me joindre ici : . . . . .

. . . . . . . . . . . . . . . . . . . . . . . . .

C'est comme ça que je t'ai connu :

Nous sommes les meilleurs amis du monde parce que tu es...

- [ ] drôle
- [ ] adorable
- [ ] sans peur
- [ ] sympa
- [ ] cool
- [ ] . . . . . .

Date :

Ça, c'était le meilleur moment que nous avons passé ensemble :

. . . . . . . . . . . . . . . . . . . . .

. . . . . . . . . . . . . . . . . .

. . . . . . . . . . . . . . . .

. . . . . . . . . . . . . . .

. . . . . . . . . . . . . .

Le hockey, c'est super, parce que...

. . . . . . . . . . . .

. . . . . . . . . . . . . . .

. . . . . . . . . . . . . . .

. . . . . . . . . . . . . . . . . . .

Voilà les endroits où j'aime jouer au hockey avec toi :

☐ à l'école ☐ au club

☐ dans le gymnase ☐ dehors

Mon livre préféré :

. . . . . . . . . . . . . . . . .

. . . . . . . . . . . . . . . . .

. . . . . . . . . . . . . . . . .

. . . . . . . . . . . . . . . . .

Mon rêve de hockey :

. . . . . . . . . . . . . . . . .

. . . . . . . . . . . . . . . . .

. . . . . . . . . . . . . . . . .

. . . . . . . . . . . . . . . . .

. . . . . .

Voilà comment je suis :

Mes super forces :

. . . . . . . . . . . . . . . . .

Ce que je te souhaite :

. . . . . . . . . . . . . . . . .

. . . . . . . . . . . . . . . . .

. . . . . . . . . . . . . . . . .

. . . . . . . . . . . . . . . . .

# Là, c'est moi !

Ma photo

Je m'appelle : . . . . . . . . . . . . . .

Tu peux me joindre ici : . . . . .

. . . . . . . . . . . . . . . . . . . . . . .

C'est comme ça que je t'ai connu :

Nous sommes les meilleurs amis du monde parce que tu es...

- [ ] drôle
- [ ] adorable
- [ ] sans peur
- [ ] sympa
- [ ] cool
- [ ] . . . . . .

Date :

Ça, c'était le meilleur moment que nous avons passé ensemble :

. . . . . . . . . . . . . . . . . . . .

. . . . . . . . . . . . . . . . . .

. . . . . . . . . . . . . . . . .

. . . . . . . . . . . . . . . .

. . . . . . . . . . . . . . .

Le hockey, c'est super, parce que...

. . . . . . . . . . . .

. . . . . . . . . . . . . .

. . . . . . . . . . . . . .

. . . . . . . . . . . . . . . . .

Voilà les endroits où j'aime jouer au hockey avec toi :

- ☐ à l'école
- ☐ au club
- ☐ dans le gymnase
- ☐ dehors

Mon livre préféré :

Mon rêve de hockey :

Voilà comment je suis :

Mes super forces :

Ce que je te souhaite :

# Là, c'est moi !

Je m'appelle : . . . . . . . . . . . . . .

Tu peux me joindre ici : . . . . .

. . . . . . . . . . . . . . . . . . . . . . .

Ma photo

C'est comme ça que je t'ai connu :

Nous sommes les meilleurs amis du monde parce que tu es...

- ☐ drôle
- ☐ adorable
- ☐ sans peur
- ☐ sympa
- ☐ cool
- ☐ . . . . . .

Date :

Ça, c'était le meilleur moment que nous avons passé ensemble :

. . . . . . . . . . . . . . . . . . .

. . . . . . . . . . . . . . . . . .

. . . . . . . . . . . . . . . .

. . . . . . . . . . . . . . .

. . . . . . . . . . . . . . .

Le hockey, c'est super, parce que...

. . . . . . . . . . . . .

. . . . . . . . . . . . .

. . . . . . . . . . . . . . .

. . . . . . . . . . . . . . . . .

Voilà les endroits où j'aime jouer au hockey avec toi :

- ☐ à l'école
- ☐ au club
- ☐ dans le gymnase
- ☐ dehors

Mon rêve de hockey :

Mes super forces :

Ce que je te souhaite :

Mon livre préféré :

Voilà comment je suis :

Ma photo

# Là, c'est moi !

Je m'appelle : . . . . . . . . . . . . . .

Tu peux me joindre ici : . . . . .

. . . . . . . . . . . . . . . . . . . . . . .

C'est comme ça que je t'ai connu :

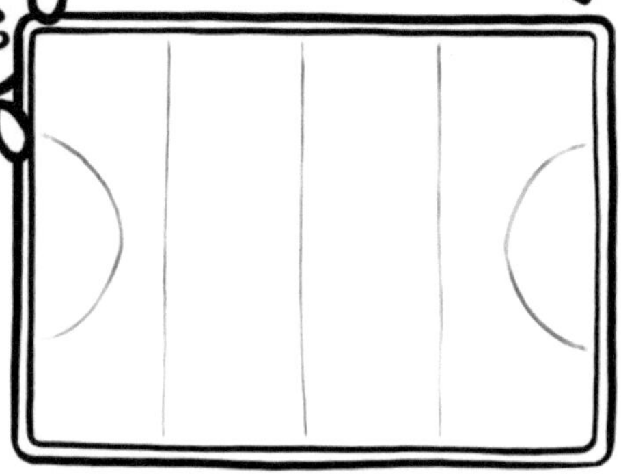

Nous sommes les meilleurs amis du monde parce que tu es...

- ☐ drôle
- ☐ adorable
- ☐ sans peur
- ☐ sympa
- ☐ cool
- ☐ . . . . . .

Date :

Ça, c'était le meilleur moment que nous avons passé ensemble :

. . . . . . . . . . . . . . . . . .

. . . . . . . . . . . . . . . . .

. . . . . . . . . . . . . . . .

. . . . . . . . . . . . . . .

. . . . . . . . . . . . . .

Le hockey, c'est super, parce que...

. . . . . . . . . . .

. . . . . . . . . . . .

. . . . . . . . . . . . . .

. . . . . . . . . . . . . . . . .

Voilà les endroits où j'aime jouer au hockey avec toi :

☐ à l'école ☐ au club

☐ dans le gymnase ☐ dehors

Mon livre préféré :

Mon rêve de hockey :

Voilà comment je suis :

Mes super forces :

Ce que je te souhaite :

Anniversaires
Janvier
Mars
Février
Avril
Mai
Juin

Juillet
Août
Septembre
Octobre
Novembre
Décembre

# Autographes

de mes
superhéroïnes &
des stars de Hockey

Lena
Max
Lars
Lena
Max
Lars

Découvre tous les livres des Hockey-Kids en librairie, et trouve plein de choses super dans notre boutique, ainsi que des emplois du temps et des jeux sur:

www.sabinehahn.net

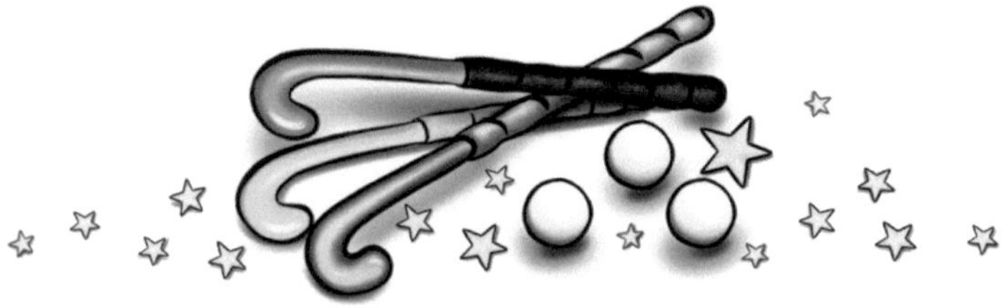

D'autres vidéos des Hockey-Kids sur YouTube / Autorin Sabine Hahn ↗

MON COQ
edition